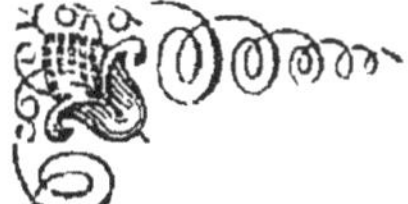

SUR

L'OUVRAGE DE M. ROUX-FERRAND,

INTITULÉ

HISTOIRE DES PROGRÈS DE LA CIVILISATION EN EUROPE

DEPUIS L'ÈRE CHRÉTIENNE JUSQU'AU XIXe SIÈCLE,

PAR M. CAQUOT,

Président de la Société d'Agriculture, Commerce, Sciences et Arts
du département de la Marne.

CHALONS,

IMPRIMERIE ET LIBRAIRIE E. LAURENT.

1856.

SOCIÉTÉ D'AGRICULTURE, COMMERCE, SCIENCES ET ARTS DE LA MARNE.

RAPPORT

SUR L'OUVRAGE DE M. ROUX-FERRAND,

INTITULÉ

HISTOIRE DES PROGRÈS DE LA CIVILISATION EN EUROPE,

DEPUIS L'ÈRE CHRÉTIENNE JUSQU'AU XIXe SIÈCLE (1),

Par **M. CAQUOT,**

MEMBRE TITULAIRE RÉSIDANT.

MESSIEURS,

Lorsque M. Guizot annonça en 1828 que, dans son cours d'histoire, il traiterait de la civilisation en Europe et plus spécialement en France, depuis l'avènement de Jésus-Christ, tous les esprits sérieux, amis des spéculations philosophiques, s'exaltèrent à l'espoir d'entrer dans une voie nouvelle, ouverte aux études historiques.

Malheureusement les événements de 1830 interrompirent cette œuvre, qui s'arrêta au XIVe siècle.

M. Roux-Ferrand, dans le silence du cabinet, réunissait à la même époque une masse de matériaux indispensables à une telle entreprise.

(1) Six volumes in-8°. Paris, Hachette et comp., 1847, 2e éd.

1856

M. Guizot, dans un séjour à Nîmes, l'encouragea de ses conseils et de ses exhortations, et lorsqu'en 1830 le préfet du Gard voulut établir, dans cette ville de Nîmes, un lycée ou cercle littéraire, M. Roux-Ferrand se trouva tout naturellement en mesure de traiter l'histoire à laquelle ses goûts et ses études l'entraînaient.

Il choisit l'histoire de la civilisation en Europe, depuis la décadence de l'empire romain; c'était le même sujet et presque le même cadre que M. Guizot allait abandonner.

Le cours de M. Roux-Ferrand fut également interrompu, mais l'historien, usant de quelques loisirs, continua son ouvrage et put le terminer; il comprit que toutes les convenances devaient lui imposer pour limite les événements contemporains, c'est-à-dire la révolution de 89.

Si, en cette grave matière, j'osais avoir une opinion, je dirais qu'en effet ce titre : *Histoire de la Civilisation,* est fait pour séduire tout le monde, M. Guizot tout le premier; mais que l'historien a dû plus d'une fois s'apercevoir que la civilisation n'était qu'une des conséquences des faits complexes à travers lesquels s'avancent les nations; et que, si l'on entreprend l'histoire morale des modifications lentes, mais incessantes, que subissent les peuples, c'est l'*Histoire de la Société* qu'il faut écrire. A ce titre seul, le sujet s'éclaire, la raison l'embrasse facilement et l'auteur a, pour s'appuyer, autre chose que des abstractions.

Ainsi, en cette année 1854, M. Malperthuy, a publié une *Histoire de la Société française aux XVIII*e *et XIX*e *siècles.*

M. Guizot a dit : « L'histoire ne se compose pas seulement de faits matériels comme les batailles....., elle a des faits généraux sans nom, sans date précise..... La civilisation est un de ces faits-là, fait général caché, complexe, très difficile à raconter, à décrire..... [1]. »

Cette difficulté a été pressentie sans contredit par M. Roux-Ferrand, peut-être même à son insu, lorsque dans son discours préliminaire, il explique ainsi ce qu'il faut entendre par la civilisation :

« L'histoire de ce que l'on nomme la civilisation » n'est pas seulement dans le récit des faits; elle n'est » pas dans le développement de l'état des arts, des » sciences, de l'industrie ou des lettres; elle n'est pas » dans l'état des mœurs d'une nation ou d'une époque. » L'histoire de la civilisation est l'ensemble de toutes » ces choses; elle les comporte toutes; l'univers phi- » sique et moral est de son domaine; la plus modeste » analyse du chimiste, l'observation la plus simple du » naturaliste, ne doivent pas plus être oubliées que » les sanglantes victoires des conquérants, par l'his- » torien de la civilisation, si elles ont fait avancer » d'un pas la science et l'industrie. »

Voilà donc le vaste champ ouvert aux travaux his- riques, comprenant dix-huit siècles, et dix-huit siècles

---

[1] *Histoire de la Civilisation en Europe*, 1re leçon. — 18 avril 1828.

surchargés des plus graves modifications morales, religieuses, politiques, industrielles, que les peuples aient jamais subies.

Avant tout c'est le Christianisme :

« Le Christianisme, et j'aurai souvent l'occasion » d'en donner des preuves, dit M. Roux-Ferrand, est, » dans l'histoire du monde l'évènement, le plus im» portant, considéré dans sa source et son influence » sur le bonheur des peuples : il a modifié leur carac» tère et créé en Europe des hommes tout différents » des anciens ; il a donné le premier exemple d'un » gouvernement libre, et a ouvert aux nations une » nouvelle existence. »

Nous ajouterons qu'il est le véritable civilisateur. Ange gardien des nations aussi bien que des individus, il ne cessera pas un instant d'empreindre de sa médiatrice influence toutes les choses humaines. D'abord obscur et méconnu, il attire à lui le peuple qu'il console, l'esclave qu'il relève, puis la famille qu'il consacre, la nation enfin dont il unit les membres par ce divin précepte de l'égalité devant un Dieu unique et rémunérateur.

Persécuté, il fait des martyrs ; les hommes élevés en dignité, l'élite des savants, des philosophes, des orateurs, saint Augustin à leur tête, le proclament et s'en font les confesseurs. Puis enfin, il arrive jusqu'au trône des souverains et les nations deviennent sœurs.

Vous comprenez, Messieurs, que, dans un rapport nécessairement succinct, il m'est impossible de vous analyser un ouvrage en six volumes, chargé de toutes les transformations qui se sont succédées pendant dix-huit siècles.

L'auteur, en traversant ces dix-huit siècles, trace rapidement, quelquefois trop rapidement, les faits que l'on est habitué d'appeler historiques; à la vérité, il n'écrit pas l'histoire, nous le savons; il parle à des personnes qui doivent la connaître, et, s'il place, de loin en loin, des jalons sur les sommités, c'est moins pour en rappeler le souvenir que pour indiquer le chemin par lequel il faut le suivre; et alors, arrivant au cœur de son sujet, il recherche curieusement quels ont été, aux diverses époques de la vie des peuples de l'Europe, leurs mœurs, leurs coutumes, leurs arts, leurs plaisirs, leurs croyances, leurs lois, leurs relations sociales, et jusqu'à leurs vêtements, leurs habitudes domestiques, leur position dans la famille, celle de la famille dans l'État. En un mot, de tous ces éléments judicieusement étudiés, il fait sortir l'état contemporain de la civilisation.

La première période, qui comprend les cinq premiers siècles de notre ère, est féconde en révolutions; c'est une époque de transition.

L'empire romain succombe, comme tout ce qui est excessif, sous le poids même de sa puissance: puis vient l'invasion des barbares qui, semblable à un débordement immense, inonde les Gaules, la Grande-Bretagne, l'Espagne et l'Italie. En 481, la race des Francs donne aux Gaules leur premier roi chrétien: Clovis.

Ainsi tout est bouleversé dans l'univers romain. Le Nord sauvage, abrupte, descend sur le Midi voluptueux et policé. Cette civilisation romaine si brillante de faste, de recherches et de délices, et aussi toute contaminée de vices raffinés, de honteuses luxures, lutte en vain contre des habitudes incultes, souvent repoussantes, contre des usages grossiers et sauvages, contre des mœurs sanguinaires.

Deux civilisations complètement opposées sont en présence, si l'on peut honorer du mot civilisation la vie barbare des envahisseurs. Elles ont toutes deux agi et réagi l'une sur l'autre; elles n'avaient isolément rien de ce qui peut constituer une pérennité vivace. Toutes deux s'appuyaient sur le matérialisme et le sensualisme poussés à des degrés opposés, mais se touchant comme tout extrême.

« Il fallait, dit alors M. Roux-Ferrand, il fallait, » pour obtenir un résultat favorable, une idée en même » temps philosophique et morale; il fallait le spiritua- » lisme. Socrate et Platon l'avaient entrevu, la reli- » gion chrétienne l'apporta. »

Ici vient l'historique de la fondation du Christianisme, sa philosophie si élevée, non-seulement au point de vue religieux, mais aussi au point de vue moral et purement humain. Les développements donnés par l'auteur à tout ce qui touche cette grave matière sont à lire et à étudier.

Voyez comme le calme de l'histoire domine dans le résumé de tous ces faits.

« De cette invasion abrutissante, en apparence, n'est- » il pas ressorti même de nouvelles lumières? Le » mélange des hommes du Midi et des hommes du » Nord n'a-t-il pas produit énergie chez les uns, poli-

» tesse chez les autres, et cette variété qui fit échapper » l'Europe à l'immobilité de l'Asie? La bassesse invé- » térée des sujets de l'Empire s'est retrempée et régé- » nérée avec la liberté des peuples nomades; la férocité » brutale des nomades s'est adoucie et policée avec la » civilisation des peuples du Midi..... Tout a bouil- » lonné, fermenté confusément pendant des siècles; » mais de cette tourmente est sortie une civilisation » neuve, incomparablement plus riche, plus féconde, » plus remplie de cette sève qui anime et vivifie tout... » Pourquoi scruter les détails, puisque l'ensemble est » si admirable? L'accomplissement des desseins de la » Providence veut des siècles, voyons-la dans le cours » des siècles..... »

Je passe et j'en ai un vif regret, toutes les querelles religieuses, les schismes nés des hérésies d'Arius et des Nestoriens; la séparation des deux religions romaine et grecque, dont on fait remonter l'origine jusqu'au Concile de Chalcédoine, en 451. Dans la dernière séance de ce concile, en l'absence des légats du pape Léon-le-Grand, un canon déclara, en effet, le siége de Constantinople le second en dignité. Les motifs de cette déclaration donnèrent peu à peu aux patriarches la prétention de marcher à l'égal des papes; de là la division.

Mais poursuivons, traversons au pas de course les quatre siècles qui nous séparent encore de la chute de l'empire grec en 1453.

Justinien promulgue ses institutes et son digeste, monuments indestructibles de la sagesse humaine.

Grégoire de Tours donne une histoire à la France.

La charge de maire du palais devient héréditaire; il en sortira une dynastie nouvelle.

Charles Martel règne de fait sous trois simulacres de rois, et son fils, en 750, Pépin-le-Bref, monte sur le trône. Ainsi s'éteint la race des Mérovingiens, qui a régné deux cent soixante-et-onze ans.

Enfin apparaît Charlemagne, il suffit de le nommer. Son influence est toute empreinte dans les faits de son siècle. Il publie de nouveau la loi salique, revisée et appropriée aux mœurs et aux rapports de ses divers sujets entre eux. L'étude de cette loi donne à M. Roux-Ferrand l'occasion de constater, à cette époque, les changements que la civilisation a subis, mais qui n'ont pas encore effacé son caractère primitif. On y voit par exemple que le meurtre d'un Franc est payé le double du meurtre d'un Romain; c'était une réminiscence de l'invasion des Francs : les vainqueurs se plaçaient naturellement bien au-dessus des vaincus.

Charlemagne règne de 768 à 814, la civilisation va commencer une nouvelle période de progrès.

Le 3 juillet 987, avénement de Hugues-Capet et de la race des Capétiens.

Louis V est le dernier roi des Francs, Hugues-Capet le premier roi des Français.

Puis viennent les Croisades, Saint-Louis et ses établissements; c'est-à-dire l'ordre dans l'administration, l'ensemble dans la législation.

Charles VII chasse de la France les Anglais; à ses côtés marche Jeanne-d'Arc, heroïne que l'histoire vénère et n'a pas encore expliquée.

Depuis l'invasion, les Gaules divisées en petits royaumes se sont agglomérées, soit à l'aide des alliances, soit par la force des armes, soit par l'extinction des races de ces petits monarques. C'est en 954, en la personne de Lothaire, que le trône n'a plus eu que ce prince pour compétiteur; et plus tard la question du partage ne s'est plus soulevée entre les fils de rois; tant ces fractions ainsi réunies avaient fait de la France une puissance compacte, grande et prépondérante.

Un grave évènement s'accomplit en Asie, qui vient porter son retentissement sur presque toute l'Europe, Mahomet fonde une religion, fait renaître un peuple et crée un empire.

Tous ces faits pèsent nécessairement sur les nations qui les subissent ou qui les voient s'accomplir à leurs côtés. Les Croisades ont apporté des besoins nouveaux, des mœurs assouplies, peut-être dangereuses, la langue elle-même se modifie, le latin cesse d'être l'idiome unique des légistes et des tribunaux, les Trouvères parcourent les provinces, et portent, de châteaux en châteaux, avec leurs poëmes, les habitudes de politesse et de galanterie, et servent de communication entre les seigneurs, qui, sans eux, ne se seraient jamais connus.

Les discussions philosophiques sont devenues, dans les écoles, un besoin impérieux; les caractères se ressentent de cette ardeur de disserter. L'auteur entre ici dans d'indispensables explications sur les questions ardues qui divisent les esprits et qui plus tard mieux élucidées, dégagées de toutes leurs ambages, laisseront apercevoir, au fond de leur obscurité, les bases de la philosophie française que Descartes en dégagera plus tard.

Cette rage de disserter, d'argumenter, de distinguer, de subtiliser va bientôt entrer dans l'Église, et Luther le rigoureux schismatique va prêcher la réforme et diviser les populations entières [1].

Il faut voir dans M. Roux-Ferrand ce que les habitudes des peuples, leur vie publique ou privée retiendront et s'assimileront de toutes ces luttes de l'esprit.

Cependant à l'extinction de l'empire d'Orient, tous les hommes qui cultivaient les lettres, les sciences et les arts, tous les artisans de la pensée et de la main, qui jetaient encore sur cet empire au déclin, une illustration que partout la civilisation avancée sait apprécier et ambitionne, viennent se réfugier en Italie à la cour des Médicis, où Laurent leur accorde une hospitalité fastueuse et libérale. Aussi voit-il fleurir autour de lui les Léonard de Vinci, les Pérugin, les Michel-Ange, les Titien et les Raphaël.

De toutes parts renaît le goût des arts et des nobles plaisirs de l'esprit. Les poëtes vont venir, Dante les a déjà devancés; de magnifiques basiliques s'élèvent pour les majestueuses cérémonies du Christianisme; les Papes se mêlent à ce grand mouvement de rénovation qui agite l'Europe entière et qui sous François Ier et

---

(1) Luther est né en 1483.

Henry II vient illuminer la France. Voilà la Renaissance.

En même temps, et ce XVe siècle est réellement privilégié, la peinture à l'huile est trouvée par un peintre flamand, Jean Van Dyck, né en 1366; l'imprimerie inventée; la boussole perfectionnée; l'Amérique découverte; les grandes œuvres de législation promulguées; la diplomatie introduite dans les rapports des nations, et l'Europe reçoit un équilibre politique.

Aussi M. Guizot regrette-t-il son cours suspendu précisément à ce mémorable éveil de toutes les facultés humaines.

Arrivé à ce point culminant, M. Roux-Ferrand s'arrête, se retourne comme un voyageur qui veut d'un coup-d'œil juger le pays qu'il a parcouru et qu'il va quitter.

Son cinquième volume contient une série de chapitres dans lesquels (et c'est là le cœur de son sujet) il dessine à larges traits l'histoire de l'Église, le schisme d'Occident, l'autorité des Papes, les travaux et décisions des principaux Conciles, et pour ne pas scinder cette matière qui doit rester UNE parce qu'elle ne cesse pas un instant d'être empreinte d'un même esprit, d'un même caractère, il avance vers les événements des siècles qui vont suivre, il explique la Réforme, Luther, le Concile de Trente, l'ordre des jésuites, l'inquisition, les querelles issues de la bulle *unigenitus,* les Jansénistes et leurs adversaires. Le neuvième chapitre est consacré à une foule de détails touchant les mœurs privées et publiques de France, les mariages, les repas, les funérailles, la cour de Catherine de Médicis et de ses fils, les priviléges restés à la noblesse après la chute du régime féodal; toutes matières, comme le dit l'auteur, qui ne peuvent être exposées avec une certaine suite et qu'il faut accepter à peu près comme elles se présentent sous la plume.

Entre autres curiosités qui abondent là, je citerai, comme type de l'esprit du temps, une procédure toute entière dirigée dans le ressort du parlement d'Aix, contre une bande de rats qui avaient fait irruption dans la contrée. Un avocat, qui depuis fut président du parlement, avait été judiciairement chargé de faire assigner les rats et de les défendre devant la justice. Suivant de Thou, le grave historien de cette époque, plus tard un gentilhomme d'Arles reprochant à ce président son extrême rigueur contre les huguenots, lui disait à l'audience en lui rappelant cette affaire des rats : « Vous » avez fait imprimer votre plaidoyer et comme je connais » votre modestie et votre candeur, vous souffrez volon- » tiers qu'on vous rappelle le souvenir de ce temps là. Or, » voici comment vous expliquiez le fait de votre cause : » Un grand nombre de rats s'étant répandus dans le » territoire d'Autun, où ils mangeaient tous les blés, » on ne trouva point de meilleur remède à ce mal que » de les faire excomunier par l'évêque du lieu ou par » son grand-vicaire; il fut d'avis qu'avant toutes chose » on fit donner aux rats trois assignations, mais il ne » voulut pas prononcer la sentence qu'on n'ait nommé » un avocat pour plaider la cause des absents. Ce fut » vous qui entreprites leur défense, et qui, pour rem-

» plir votre ministère avec exactitude, fites sentir aux
» juges, par d'excellentes raisons, que les rats n'a-
» vaient pas été ajournés dans les formes ; vous ob-
» tintes que les curés de chaque paroisse leur feraient
» signifier un nouvel ajournement, puisque, dans cette
« affaire, il s'agissait du salut ou de la ruine des rats.
» Après cela vous fites voir que le délai qu'on leur
» avait donné, était trop court pour pouvoir tous com-
» paraître au jour de l'assignation ; d'autant plus qu'il
» n'y avait point de chemin où des chats ne fussent en
» embuscade pour les surprendre. Vous employâtes
» ensuite plusieurs passages de l'Écriture-Sainte pour
» défendre vos clients, et enfin, vous obtintes qu'on
» leur accorderait un long terme pour comparaître.
» Cette cause que vous défendîtes si bien, vous acquit
» la réputation d'un vertueux et savant avocat. Or, je
» vous renvoie aujourd'hui à ce plaidoyer et je vous
» propose vos propres arguments ; n'est-il pas étrange
» que celui qui, dans la cause des rats, a insisté si
» fortement sur l'ordre et les formes de la justice, pa-
» raisse aujourd'hui les négliger, lorsqu'il s'agit de la
» vie et des biens de tant d'hommes [1] ! »

En vérité, on se demande quel pouvait être le plus sérieux, ou du président auquel cette harangue était adressée, ou du gentilhomme qui la prononçait et pensait, sans contredit, faire à son juge un compliment justement mérité et qui devait être accepté avec reconnaissance.

---

[1] De Thou, *Histoire Universelle*, t. 1.

Mais voici où le sérieux revient; là c'est du parlement de Paris qu'émanent les sentences.

Un arrêt de 1446 condamne une truie et un homme à être brûlés ensemble, comme *atteints et convaincus de péché mortel;* un autre de 1546 condamne une vache et un homme à être pendus, puis brûlés, et leurs cendres jetées au vent, pour *actions criminelles ;* une sentence du juge ecclésiastique de Montpellier, datée de 1565 reproduit le même fait, mais la coupable est une mule. Ainsi plus de deux siècles n'ont pu éclairer la raison humaine. En Suisse, à la même époque, un juge de Bâle faisait brûler un coq, *comme sorcier,* pour avoir pondu un œuf!

Toutefois, Messieurs, hâtons-nous de le dire. Pour être justes, il ne faut pas juger ces faits avec nos idées modernes; il faut se placer dans le milieu où ils s'accomplissent, s'identifier en quelque sorte aux mœurs, aux opinions, aux lois qui le régissent. C'est précisément ce contraste qui donne la mesure des progrès incessants de la civilisation. L'auteur les a cités pour faire bien comprendre que si les mœurs et les habitudes sociales s'adoucissaient, l'intelligence et l'esprit demeuraient encore empreints de la rouille des temps expirés, et qu'il fallait de nouvelles circonstances pour arriver à la civilisation qui se préparait, car rien, dans la nature, ne s'improvise; et c'est là une des faveurs que Dieu a faites à l'humanité qui semble rester immobile, mais qui vue de haut et à distance marche résolument en avant.

Nous entrons enfin dans ce progrès.

L'auteur, avec une rapidité de style remarquable, résume en une huitaine de pages le règne de Henry IV, et ceux qui l'ont suivi jusqu'à Louis XVI. Ces règnes nous sont presque contemporains ; Henry IV à la barbe grise, malgré quelques faiblesses qui le rendent aimable, impose à la cour son sérieux de politique ; les désordres honteux de Catherine, de ses fils et de leurs mignons n'osent plus paraître, et l'on n'accepte que le charme de l'union des cœurs ; c'est encore trop, mais c'est un progrès, soyons indulgents et reconnaissants.

Malherbe qui a vécu sous quatre ou cinq monarques ajoute à cette tenue déjà sévère, la sévérité de son caractère, la noblesse de sa poësie qui annonce le grand règne.

Voici venir ce règne qui s'élève et s'élèvera toujours comme un des plus illustres, quelle que soit la durée et la future splendeur de la France. Tout semble se réunir autour du trône pour en relever l'éclat; on chercherait envain quelque partie du génie humain restée inculte, et toutes produisent des fruits d'une saveur, d'une beauté indestructibles.

Descartes, Labruyère, Corneille, Racine, Molière, Despréaux, Lafontaine, Lulli, Quinault, Condé, Turenne, Vauban, Lebrun, Montausier, Bossuet, Fénelon, les plus belles, les plus spirituelles jeunes femmes, tout ce monde d'élite se presse autour du souverain, dans l'intérieur de ce balustre qui environne son lit au fond d'une immense chambre à coucher; cette foule privilégiée attend avec respect un coup-d'œil du maître, non-seulement parce que le maître est grand et puissant, mais parce que le maître est le juste appréciateur de ces immortels sur qui son renom s'envolera dans les âges à venir.

Alors les mœurs sont élégantes, les séductions couvertes d'un voile qui les rend plus piquantes, l'amour un peu raffiné jette quelque pruderie sur les conversations; le monarque donne l'exemple des délicatesses du cœur; Bérénice fait pleurer la cour, la princesse d'Elide est une déclaration; tous les arts à l'envi travaillent pour ses plaisirs et pour sa gloire, et leurs œuvres sont restées immortelles.

Peut-être, hélas! a-t-il trop vécu.

Après lui la folle régence ramène les nuits de Catherine de Médicis et prépare la chûte du trône. L'esprit scrutateur, fils de la fronde et de la réforme, empreint encore quelque peu de la rudesse de la ligue, et il faut l'avouer, c'est là l'esprit français, s'applique à tout ce qui touche à la société. La religion est sappée par le sarcasme et le ridicule, l'autorité du souverain discutée avec aigreur et mauvaise foi, la noblesse tient à honneur de rire de son rang et de le condamner; les hommes sur lesquels devrait reposer tout l'édifice social en ébranlent les fondements. La bourgeoisie qui jusqu'alors a eu son rôle dans le royaume, mais un rôle modeste et limité, parle haut, s'évertue; on l'appelle le TIERS-ÉTAT, elle se déclare la NATION. Dès lors les esprits clairvoyants présagent la ruine d'une société, qui non-seulement ne sait pas se défendre, mais qui tourne encore ses armes contre elle-même. Cazotte a pu faire des prédictions qui se sont malheureusement réalisées.

M. Roux-Ferrand fait cette juste observation : « La souveraineté sans limites, qu'elle descende du roi ou qu'elle monte du peuple, quelque puissante fût-elle, s'écroulera toujours faute de soutien. »

Les nombreux matériaux, rares et précieux que l'auteur avait amassés pour la construction de son œuvre n'ont pu tous y prendre place; il les a recueillis dans des notes d'un très grand intérêt, qui, imprimées en petit-texte, contiennent presque autant de matières que l'ouvrage lui-même.

Je vous ai, dans le cours de ce rapport, cité textuellement quelques passages, vous avez pu apprécier la lucidité de ce style : voici qui vous fera connaître plus particulièrement l'esprit d'observation de l'écrivain. C'est un profil de Marie de Médicis en regard du profil du cardinal de Richelieu.

« Altière et entêtée, irascible et violente, ambi-
» tieuse et vindicative, Marie de Médicis avait empoi-
» sonné les dernières années de son époux et n'était
» pas étrangère à sa mort; non qu'elle eût trempé dans
» le crime de Ravaillac, mais à en croire Sully et
» Mézaray, elle n'ignorait rien des complots que tra-
» maient contre lui les odieux débris de la ligue.

» Sa régence avilit la nation et la remplit de nou-
» veaux troubles; l'Italien Concini et sa femme, êtres
» sans talents ni moralité, avaient, depuis longtemps,
» sa confiance : le premier, nommé par elle maréchal

» d'Ancre, lui fit commettre beaucoup de fautes, et de » ces fautes qui se réparent peu, car elles aliènent » le cœur des peuples.

« Louis XIII, encore enfant voulut aussi gouverner. » Poussé par un favori presque aussi jeune que lui, il » fit assassiner le maréchal, condamner sa femme à » mort, et exila la reine mère à Blois, où le vieux » duc d'Épernon alla la trouver et la délivra. L'auto- » rité ainsi divisée n'avait pas de force, tout était » bouleversé; il manquait une tête à la France, Riche- » lieu parut alors. La souplesse et la hardiesse de son » génie devaient lui donner partout le premier rang. » Un peu plus tard, il entra au conseil et sut plaire » au roi, dont le caractère faible et nul voulait être » despote et avait besoin d'un maître. Richelieu prit » place parmi les conseillers, comme un homme qui » ne connaît ni collègues ni égaux..... »

Que vous dirai-je de plus? Cette *Histoire de la Civilisation* se lit avec un vif intérêt, c'est l'ouvrage d'un esprit sérieux, d'un homme instruit, d'un érudit; j'aurais désiré peut-être voir couronner cette œuvre utile et remarquable par un résumé succinct qui, en quelques pages, eût placé sous les yeux du lecteur les phases si diverses de la civilisation que l'on perd quelquefois de vue, dispersées qu'elles sont dans le cours de l'ouvrage à chacune des époques saillantes de l'histoire.

L'esprit, ce me semble, en eût été soulagé et surtout satisfait.

Mais peut-être un pareil travail offrait-il des difficultés insurmontables ; on eût pu y voir des répétitions inutiles ; et l'auteur a dû compter d'ailleurs sur des lecteurs plus intelligents que celui qui hazarde ici, non pas une critique, mais un regret.

Châlons, typ E. LAURENT.

www.ingramcontent.com/pod-product-compliance
Ingram Content Group UK Ltd.
Pitfield, Milton Keynes, MK11 3LW, UK
UKHW021152230726
13926UKWH00001B/63